ÉXTRAIT DE LA *REVUE DES DEUX MONDES*
LIVRAISON DU 15 MAI 1872.

DU DROIT INTERNATIONAL

DE SES VICISSITUDES

ET

DE SES ÉCHECS DANS LE TEMPS PRÉSENT

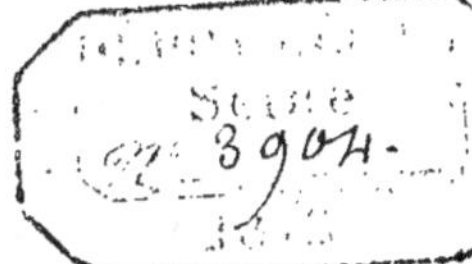

Le Droit international théorique et pratique, précédé d'un exposé historique des progrès de la science du droit d:s gens, par M. Charles Calvo.

Le droit international est depuis deux ans soumis à de rudes épreuves. C'est qu'il a la mauvaise fortune de se distinguer du droit qui est propre à une nation par des traits qui lui sont tout particuliers. Ce dernier a des règles positives, consignées dans des textes incontestables, avec des tribunaux régulièrement institués pour en faire l'application, et quand un tribunal a prononcé, personne n'a le pouvoir d'en changer la décision, à moins que ce ne soit une juridiction supérieure pareillement créée par la loi. Les tribunaux ont même la mission de résoudre les cas que les jurisconsultes croient douteux, et de fixer la jurisprudence, sauf ensuite au législateur à modifier celle-ci, mais pour l'avenir seulement, par le moyen d'une loi nouvelle, s'il estime que tous les juges successifs ont commis une erreur.

Rien de pareil pour le droit international. Tandis que dans l'intérieur d'un état chacun se reconnaît le sujet de la loi, dans les relations des états chacun d'eux est non-seulement souverain, mais indépendant. En vertu de cette indépendance, dont il est jaloux et à laquelle il ne reconnaît pas de limite, il se considère, l'histoire ne le révèle que trop, comme médiocrement lié par un engagement contracté envers un autre être semblable à lui-même, c'est-à-dire

1

un état. On ne manque pas dans les conventions internationales de proclamer qu'elles sont à perpétuité; mais c'est pure courtoisie, et le fait est qu'elles sont provisoires. Il y a un déplorable sous-entendu à l'aide duquel on se réserve de s'y soustraire, du moment qu'on supposera y avoir un grand intérêt, et qu'on sera ou s'imaginera être investi d'une force suffisante pour repousser les réclamations de l'autre partie contractante. Si celle-ci conteste, la force prononcera.

En d'autres termes, quoique l'intervention de la force brutale dans les contestations privées soit interdite au sein de chaque état civilisé, et même y soit traitée et punie comme un délit ou un crime, il en est tout différemment quand elle apparaît dans les relations d'état à état. Elle s'appelle alors la guerre. Sous cette dénomination, l'emploi de la force est reconnu par le droit international, et quoiqu'il comporte alors une masse d'horreurs et d'atrocités près de laquelle les actes qui seraient les plus épouvantables dans la vie privée ne sont que des détails infimes, dès qu'il est paré de ce titre nouveau, il devient honorable et glorieux au gré de l'opinion généralement admise. En tout cas, il n'existe pas de tribunal où puisse être déférée l'interposition de la force dans les affaires internationales, sous quelque forme violente qu'elle se produise, de quelques attentats contre la vie et la propriété qu'elle se rende coupable. Il n'existe de recours que dans le jugement de l'histoire. Certes c'est une juridiction respectable; car le temps finit par la rendre impartiale; mais ses arrêts définitifs sont bien tardifs. Ils sont quelquefois séparés des événemens par des siècles, et ils ne relèvent ni les villes détruites ni les empires abaissés; ils ne sèchent pas les larmes des mères, ils ne ressuscitent pas les myriades, les cent milliers, les millions de victimes.

Il est même trop vrai, quoique ce soit triste à dire, le plus souvent au jugement de l'histoire, de celle qui a cours chez la nation victorieuse, le succès efface les violations du droit, convertit en hauts faits les atteintes flagrantes à la morale, et revêt des plus brillantes couleurs l'oppression et la mauvaise foi. On élève des statues au vainqueur parce qu'il est vainqueur. Les poètes le portent aux nues. S'il s'est emparé d'une province, même en foulant aux pieds les droits les plus sacrés des populations, il est célébré comme ayant ajouté à la grandeur et à l'éclat de son pays, ainsi qu'à sa prospérité. On lui décerne le surnom de *grand* aux applaudissemens enthousiastes du populaire. Dans les temples mêmes du Dieu de paix, on exalte ses trophées sanglans et on ose représenter la divine Providence comme la complice de ces entreprises contraires à la justice et de ces affreuses scènes de carnage, *te Deum laudamus*.

Restent, il est vrai, les historiens des peuples étrangers, qui,

étant désintéressés, ont lieu de juger avec équité; mais les souverains victorieux, leurs ministres et leurs généraux ne s'en soucient
guère. Que leur importe que des philosophes de l'autre côté de la
frontière maudissent la guerre, et la dénoncent comme un outrage
aux lois divines et humaines? La voix austère des sages qui peuvent
avoir protesté n'a de l'écho que dans la postérité, et les princes
belliqueux ne songent qu'au présent. Ils narguent l'avenir en sa-
vourant les fumées de l'encens que brûle pour eux le vulgaire.

Un des caractères les plus étranges du temps où nous vivons ne
serait-il pas le suivant? En même temps que, entre personnes de
nationalité différente, les rapports individuels sont chaque jour plus
profondément empreints d'estime et de bienveillance réciproques,
en même temps que les intérêts pacifiques par excellence, ceux du
commerce international, acquièrent des développemens inouis, en
même temps les institutions militaires, par lesquelles chaque nation
menace ses voisins et s'apprête à leur mettre l'épée sur la gorge,
se déploient sur des proportions toujours croissantes, et l'Europe
adopte avec une surprenante unanimité une organisation sociale et
politique ayant pour base que la profession de soldat soit apprise
et pratiquée par tous indistinctement, et inhérente à la qualité
même de citoyen.

Que pourra devenir le droit international au milieu de ce débordement de l'esprit militaire? On ne voit guère comment l'équité, la
sagesse, la modération, pourront fleurir à l'ombre de la forêt de
baïonnettes qui va couvrir la surface de l'Europe.

Qu'est-ce donc que le droit international? Y a-t-il même un droit
international bien constaté? Oui et non; assurément il existe sur ce
sujet un certain nombre de règles reconnues de la plupart des esprits éclairés, à quelque nation qu'ils appartiennent. Des hommes
d'un rare savoir et d'un grand jugement ont écrit sur ces matières
des volumes parfaitement raisonnés et convaincans, à commencer
par le célèbre Grotius, qui fut un homme supérieur (1). Après Grotius, le nombre des hommes éminens qui ont écrit sur le droit international est considérable. Parmi ceux qui ne sont plus, on cite
ordinairement Puffendorf, Vattel, l'illustre Montesquieu, aussi grand
écrivain que penseur profond, et Bentham, et Kant, et une foule
d'autres dont on trouvera la liste chez M. Calvo, qui a pris beaucoup de peine pour la tracer complète. Avant Grotius, il y avait eu
Machiavel, autre homme de génie, mais qui s'inspira d'une morale
subversive. Je dois mentionner aussi un auteur bien moins connu
que M. Calvo a mis en lumière, l'Espagnol Balthazar de Ayala, qui

(1) L'ouvrage de Grotius a été, dans les xviie et xviiie siècles, traduit en français
deux fois. Il vient d'en paraître une traduction nouvelle, très exacte et accompagnée
d'utiles commentaires par M. Pradier-Fodéré.

écrivit en latin. Son ouvrage sur *le Droit et les devoirs de la guerre* contient des maximes remarquables qui ont été trop méconnues dans ces derniers temps. Il pose entre autres trois principes : 1° que la guerre ne peut se justifier que par la nécessité ; 2° que dans une guerre même juste on ne doit pas se proposer la destruction de l'ennemi, on doit se contenter de lui infliger des dommages dans la mesure qu'il faut pour assurer la paix ; 3° que le vainqueur doit faire usage de la victoire avec modération et humanité chrétienne. Cet auteur recommandable supposait, on le voit, que le sentiment chrétien était au fond des cœurs, que la morale chrétienne était le type auquel devraient désormais se conformer les actes des hommes d'état et des princes. Il ne prévoyait pas l'apparition et l'influence des hégéliens au XIXe siècle.

L'opinion des publicistes qui ont écrit avec distinction sur le droit international a souvent été transportée de leurs livres dans les traités ou actes internationaux souscrits par des peuples investis d'une grande puissance. Malheureusement ces victoires qu'elle remporte n'ont jamais rien de définitif ni même de stable, la force brutale pouvant toujours intervenir, par un subit accès de furie, pour les annuler, et en effacer les effets, ce qui est assurément une des données les plus affligeantes de l'existence du genre humain. Les règles posées par les écrivains qui font autorité à l'égard du droit international, ces règles, qui sont si peu des barrières infranchissables pour certains hommes à l'audace effrénée, mais qui n'en sont pas moins des protestations contre leurs aberrations et leurs excès, ont pour objet de déterminer l'ensemble des obligations mutuelles des états, c'est-à-dire des devoirs qu'ils ont à remplir et des droits qu'ils ont à défendre les uns à l'égard des autres. Telle est la définition que M. Calvo donne du droit international. Un auteur fréquemment cité par lui, M. Pinheiro Fereira, dit à peu près de même qu'il existe des lois obligatoires, des droits et des devoirs, pour les nations aussi bien que pour les individus, et que le droit international est l'exposé motivé de ces lois. On peut préférer la définition donnée par un jurisconsulte américain, M. Wheaton (1). Elle est plus complète en ce qu'elle montre la tendance des peuples civilisés à se rapprocher, tendance bienfaisante qui reparaît toujours à travers les symptômes contraires, malgré les passions et les systèmes qui conspirent pour l'étouffer. La définition de M. Wheaton a aussi l'avantage de tenir compte de la perfectibilité, que la législation internationale devrait refléter autant qu'une autre. « Le droit international, dit-il, est l'ensemble des règles de

_____

(1) Cet auteur est mort après avoir dignement représenté son pays au dehors; on lui doit un remarquable traité du droit international, augmenté depuis d'un lumineux commentaire par un de ses compatriotes, M. Lawrence.

conduite que la raison déduit, comme étant conformes à la justice, de la nature de l'association qui existe parmi les nations indépendantes, en y admettant toutefois les modifications qui peuvent être établies par l'usage et le consentement général. »

C'est très bien pensé; quoi de plus digne de respect que la raison et la justice? Quoi de meilleur que de considérer lès nations comme formant, soit en vertu d'une loi supérieure, soit sous la pression de la civilisation même, un grand corps dont toutes les parties sont solidaires, une association, je voudrais pouvoir dire une famille, mais le genre humain y ressemble si peu présentement? De même il était indispensable de réserver une porte au progrès, ainsi que le recommande, en termes un peu couverts, la définition de M. Wheaton. Or cependant qui sera l'interprète de la raison et de la justice? Qui jugera des modifications à introduire en vertu du progrès, et qui fixera le moment de l'introduction? Qui soumettra les résistances à la volonté de la majorité, même très forte, des hommes éclairés, pour faire prévaloir des règles nouvelles ou faire respecter les anciennes? Autant de questions qui, il faut le dire, sont insolubles dans l'état présent des choses.

Il y a donc nécessairement beaucoup de vague et d'arbitraire dans le droit international, non tel qu'il est tracé dans les livres des bons auteurs, mais tel qu'il est pratiqué. Il est et il n'est pas, car un droit qui manque de base certaine en ce que personne n'a qualité universellement reconnue pour le proclamer, et qui est dépourvu de sanction, se trouve par cela même dans un état intermédiaire entre la vie et le néant.

C'est vraisemblablement sous cette impression qu'un magistrat éminent de l'Angleterre, lord Cairns, traitant du droit international, le réduit à une opinion. — C'est, dit-il, l'expression formelle de l'opinion publique du monde civilisé touchant les règles de conduite qui doivent régir les relations des nations indépendantes, opinion découlant de la source de toute opinion publique, les convictions morales et intellectuelles de l'humanité. — Le mal est que l'humanité n'a pas de fondé de pouvoirs qui puisse parler pour elle et qui possède l'autorité nécessaire à faire écouter sa voix. D'ailleurs lorsqu'il s'agit des événemens contemporains, l'opinion publique est vacillante et facile à égarer par le souffle de la passion; c'est donc une base bien incertaine. En l'état actuel des choses, le droit international est, dans le règlement des affaires de nation à nation, ce que sont dans les commissions les membres qui n'ont que voix consultative. Il vient après le canon, qui, seul, a voix délibérative.

Il y a donc de ce côté une bien regrettable lacune dans le gouvernement du genre humain. Pour la combler, on a imaginé à diverses époques des institutions ou des expédicns qui ont été quelque temps plus ou moins en vigueur, mais dont malheureusement aucun n'a pu avoir un succès indéfini. Les Grecs avaient le tribunal des amphictyons, qui devait les empêcher de guerroyer les uns contre les autres, et y réussissait... quelquefois. Dans le moyen âge, on eut le patronage suprême du saint-siége, devant lequel les souverains s'inclinaient, mais qui, après un petit nombre de siècles, fut repoussé parce que la papauté n'en usait pas avec la discrétion et le désintéressement qui seuls pouvaient le faire respecter. Un des plus grands hommes de ce temps-là et des plus renommés pour leur piété, le roi saint Louis, avait hautement refusé de reconnaître l'autorité politique du pape, et un de ses proches successeurs, Philippe le Bel, en luttant corps à corps contre Boniface VIII avec la dernière violence, semblait avoir démoli la suprématie des papes sur le temporel de l'Europe.

La souveraineté universelle des papes n'était pourtant pas tellement détruite que, longtemps après Philippe le Bel, Alexandre VI, tout Alexandre VI qu'il était, ne pût, sans soulever de réclamation, publier en 1493 des bulles en vertu desquelles les merveilleuses découvertes faites par Christophe Colomb et Vasco de Gama dans les deux hémisphères furent concédées à l'Espagne et au Portugal. Il est vrai que les navigateurs auxquels ces découvertes étaient dues étaient des serviteurs de l'Espagne et du Portugal; nul n'en ignorait, et il y avait aussi en faveur de ces deux couronnes un droit de premier occupant. Puis alors Luther n'avait pas encore levé l'étendard de la réforme. Ce grand acte de la papauté est au reste le dernier usage qu'elle ait pu faire de l'omnipotence politique qu'elle s'était attribuée et qui lui avait été reconnue.

Ensuite apparut la doctrine de l'équilibre européen, en vertu de laquelle la majorité des puissances se tournait contre tout souverain qui abusait de ses forces envers ses voisins. On contenait ainsi chacun dans son ambition, tant bien que mal. Ce sentiment fortement prononcé permit d'arrêter dans leurs prétentions de domination universelle divers souverains insatiables de pouvoir, Charles-Quint et Louis XIV, et de nos jours le fondateur du premier empire français.

Après 1815, l'Europe eut la sainte-alliance, qui partit de l'idée d'un nouvel équilibre établi sur les ruines du vaste et fragile échafaudage érigé par Napoléon; mais par sa réaction contre les droits des peuples celle-ci se décrédita rapidement. Les résolutions absolutistes et oppressives des congrès de Troppau (1820), de Laybach (1821), de Vérone (1822), révoltèrent les âmes indépendantes; elle s'anéantit dans ses propres exagérations comme dans un abîme. Elle n'a été remplacée par rien qui ait pu se tenir debout, de sorte que présentement il n'existe plus, parmi les nations, aucun abri contre les violences des forts au profit de celles qui sont faibles. L'épouvnte est partout, même dans le cœur des plus grands souverains, de ceux qui jusque-là envisageaient avec le plus de confiance leur puissance et leur dynastie comme fondées sur le roc.

Le système de l'arbitrage, qui précéderait toujours et nécessairement les hostilités, qui offrirait des garanties contre l'abus de la force, semblait avoir réuni d'illustres et d'augustes suffrages; mais il a eu beau être conforme à la sagesse la plus élevée et aux sentimens les plus généreux, aux droits de l'humanité et à l'intérêt général, il a eu beau obtenir qu'on l'inscrivît dans un acte solennel, le traité de Paris du 30 mars 1856 : ce succès n'a été que dérisoire. A peine proclamée, la règle a été violée. Elle a été foulée aux pieds par ceux-là mêmes qui semblaient avoir voulu attacher leur gloire à la faire reconnaître, et il n'en reste plus qu'un regret amer pour les âmes d'élite. Que n'a-t-elle eu un meilleur sort! Et comment ce traité lui-même, qui pouvait ouvrir à l'Europe une ère de paix et de prospérité, en y introduisant quelques modifications propres à sauver la dignité de la Russie, n'a-t-il été qu'un chiffon de papier?

Il faut bien nommer ici une autre combinaison tutélaire qui a été recommandée par quelques esprits philosophiques, et qui a certes un côté séduisant. Elle consisterait à donner à l'Europe prise en corps une constitution nouvelle qu'on a définie par ces mots « les États-Unis européens. » Il y aurait dans quelque cité européenne ce qui existe à Washington, un congrès permanent chargé de veiller aux intérêts généraux des diverses nations de cette partie du monde, celles-ci conservant, à côté de la souveraineté collective de la confédération, leur souveraineté propre, ainsi qu'on le voit chez les états de l'Union américaine; mais l'idée est si éloignée de toute pratique possible, qu'il faut se résigner à n'y voir qu'un rêve. L'Europe semble bien plus près d'être agglomérée et courbée sous un sceptre unique que de se reconstituer par le moyen de cet arrangement fédéral, qui cependant offrirait bien plus de garanties aux droits et aux libertés de chacun et de tous.

La formule d'après laquelle « la force prime le droit » est incompatible avec l'équité, avec la dignité et la sécurité des nations; c'est l'anéantissement même du droit international. Il n'en est pas moins vrai qu'elle dépeint l'état actuel des choses, en ce qui touche les rapports de nation à nation. Pour un siècle où la liberté est nominalement en si grand honneur, où l'on se complaît à parler du progrès, c'est, on doit l'avouer, une situation humiliante.

Pour être juste, il faut reconnaître que, si en ce qui concerne les questions les plus vitales, spécialement le droit de paix et de guerre, plus particulièrement encore le pouvoir du vainqueur sur le vaincu, nous vivons aujourd'hui en Europe non-seulement sans solutions acceptées, mais même dans la confusion la plus inquiétante, il est un certain nombre d'autres questions plus ou moins importantes, quelques-unes touchant à de très grands intérêts, qui ont été résolues à la satisfaction de la morale et dont les solutions sont entrées dans les codes des nations. C'est ainsi que la traite des noirs a été frappée de réprobation, que le code pénal a partout assimilé le négrier au pirate. L'esclavage même a été aboli par tous les états à peu près. Les colonies espagnoles sont le seul pays du monde occidental où cette dégradante institution soit encore en pleine vigueur. L'Union américaine s'en est défaite par une des guerres les plus sanglantes et les plus coûteuses qui aient jamais ravagé la terre. L'empereur du Brésil, qui a l'esprit ouvert à toute vérité, a surmonté les résistances qui tendaient à éterniser l'esclavage dans ses vastes états; il a pris des mesures efficaces qui avec le temps le feront sûrement disparaître. L'abolition du servage en Russie, due au souverain actuellement régnant, est un des actes les plus faits pour illustrer un règne. Mais pendant que la servitude s'en va de la société moderne par une porte, que dirait-on si elle rentrait sous un déguisement par une porte différente? Dans la pratique, le droit international aurait-il fait des acquisitions aussi grandes qu'on l'avait supposé, si une nation éclairée et chrétienne que la victoire aurait couronnée en profitait jusqu'à assujettir les vaincus à des tributs écrasans qui dépasseraient les possibilités d'une nation libre, et dont le fardeau devrait se transmettre de génération en génération? En présence de la rançon de 5 milliards qui a été imposée à la France épuisée et désorganisée, cette observation me semble exempte d'exagération. Voilà en effet une nation jusque-là glorieuse qu'un ennemi vainqueur s'est cru le droit de réduire à l'état de tributaire.

L'accueil fait par la loi dans chaque état aux étrangers s'est fort amélioré. Quand éclata la guerre de 1870, on marchait de toutes parts vers l'assimilation civile des étrangers avec les nationaux. La vieille Angleterre abolissait le droit d'aubaine, héritage d'un temps où étranger était synonyme d'ennemi; mais cette guerre même a révélé que tant de libéralité envers les étrangers, tant d'empressement à les recevoir et à leur permettre de s'établir chez soi sur le même pied que les nationaux, sans dérogation aucune aux droits et aux devoirs de leur nationalité propre, recélait un danger extrême. On a vu ce qui arrivait dans le cas où ces étrangers introduits en grand nombre dans le sein d'un état appartenaient à un peuple organisé militairement, de sorte que, même vivant au dehors, chacun d'eux restât astreint à servir dans sa patrie et eût sa place individuellement marquée dans l'armée, son grade et son numéro dans un régiment qu'il était toujours tenu de rejoindre au premier appel. Que la guerre éclate entre la contrée qui leur a donné l'hospitalité et celle qui est demeurée leur pays, ils partent, sur le signal donné par leur souverain, pour revenir en ennemis là où ils avaient été traités en frères. Ils sont alors d'autant plus formidables qu'ils avaient obtenu un plus libre accès dans l'intimité de leurs confians voisins. Ils connaissent les rues des villes et les sentiers des campagnes ; ils servent de guides et de truchemens à l'armée d'invasion. Avec de telles éventualités, l'usage qui était si largement favorable aux étrangers peut-il se maintenir tel quel ? La pratique du droit international peut-elle demeurer aussi libérale ? Ce que tous les esprits éclairés considéraient, en 1870 encore, comme du progrès ne devient-il pas une duperie ou un piége ? La question tout au moins mérite qu'on l'examine.

Il y a lieu de distinguer, parmi les règles du droit international, celles qui concernent les hommes dans leur capacité individuelle et celles qui se rapportent à leurs immunités collectives. Les droits individuels sont de nos jours beaucoup plus que les autres l'objet de ménagemens de la part des belligérans et des vainqueurs. A défaut d'autre sanction, une vive réprobation s'attacherait à celui qui ferait massacrer des populations conquises ou prises d'assaut, comme Tilly à Magdebourg en 1631 pendant la guerre de trente ans, ou qui incendierait les villes et dévasterait les campagnes, ainsi que Louis XIV, aveuglément docile aux conseils de Louvois, l'ordonna dans le Palatinat (1), ou qui encore envelopperait tous leurs biens dans une confiscation systématique ; mais sous Louis XIV on accordait aux provinces ou aux villes qu'on s'annexait des capitulations, des sortes de chartes auxquelles on se conformait. Strasbourg eut ainsi ses droits réservés. Sous Louis XIV, quand les Anglais eurent conquis le Canada, ils lui laissèrent ses lois et ses coutumes. Dans ce dernier tiers du xixᵉ siècle, tel conquérant qui annexe une province à ses états est moins ménager des droits généraux de ses habitans. Il prétend les soumettre aux lois de ses autres états et même leur imposer sa langue, ce qui est une des plus grandes tyrannies qu'on puisse exercer envers un peuple.

Il a été recommandé par des auteurs modernes, dans d'importans ouvrages sur le droit international, qu'aucune annexion n'eût

(1) Il fut frappé une médaille en l'honneur de l'incendie de Heidelberg. Elle a pour exergue *Heidelberga destructa*. On la remarquait dans la collection du sénat, au Luxembourg. La scène qu'elle présente est celle d'une ville en flammes.

1.

lieu, si ce n'est sous la condition du libre vote des populations. C'est de cette manière que la Savoie et Nice sont venues, sous le second empire, agrandir le territoire de la France. Cette règle humaine et libérale était enseignée dans une des principales universités de l'Allemagne, à Heidelberg, par un professeur justement renommé, qui du reste est Suisse de naissance, M. Bluntschli; mais les Allemands, à ce qu'il paraît, n'ont rien retenu des leçons de ce savant maître. L'Alsace et la Lorraine en savent quelque chose. Le sens moral est oblitéré à ce point en Europe que les neutres, spectateurs de la guerre et juges du camp entre la France et la Prusse, n'ont fait entendre aucune réclamation à ce sujet; même les peuples qui se piquent le plus d'aimer la liberté ont gardé le silence. Ce ne serait pas la preuve des progrès du vrai libéralisme dans les états les plus civilisés.

Le droit maritime est ou a paru être en enfantement d'un grand progrès; mais l'enfant est lent à venir au monde. Certes nous ne sommes plus au temps où l'Anglais Selden, pour réfuter l'ouvrage de Grotius sur la liberté des mers (*mare liberum*), publiait aux applaudissemens de ses compatriotes sa *Mer fermée* (*mare clausum*), où il revendiquait l'empire des mers pour sa patrie. Le cabinet de Saint-James, qui avait maintenu à peu près constamment sous différentes formes ce programme hautain, qui refusa de s'en désister même en 1815 quand on signa la paix, s'est ravisé depuis. Il y a seize ans, on obtint son adhésion à un régime favorable aux neutres, mais non sans une énergique opposition de la part de quelques-uns de ses personnages les plus considérables. Aussitôt après, la continuation même des négociations ouvertes à ce sujet conduisit à revendiquer des puissances, de l'Angleterre surtout, la reconnaissance du principe d'après lequel la propriété privée, c'est-à-dire la marchandise des belligérans, serait respectée sur mer comme elle l'est le plus souvent sur terre. Les États-Unis prirent l'initiative de cette doctrine dans la réponse qu'ils firent à la proposition d'adhérer au traité de Paris du 30 mars 1856. Richard Cobden s'employa à la faire triompher, et ce n'est pas un de ses moindres titres aux hommages des hommes de bien et des hommes de progrès. Dans ce nouveau système, non-seulement les lettres de marque données à des navires privés armés en course seraien abolies, mais la course serait interdite même aux bâtimens de guerret et de plus on ne soumettait plus au blocus que les arsenaux. L'abolition de la course par le moyen des lettres de marque a été stipulée dans le traité de Paris, par lequel se lièrent les puissances européennes; mais ce même traité recommandait aussi l'arbitrage préalable à toute déclaration de guerre, recommandation qui n'a été qu'une lettre morte. D'ailleurs il n'a pas obtenu l'adhésion des États-

Unis, de sorte que si, — ce qu'à Dieu ne plaise, quoiqu'un certain nombre de têtes politiques le tiennent pour très possible, — une guerre éclatait entre l'Angleterre et les États-Unis, il est probable qu'on verrait les corsaires munis de lettres de marque reparaître à l'horizon et répéter la plupart des violences qui, au commencement du siècle, marquèrent la lutte entre l'Angleterre et le vainqueur d'Austerlitz, alors maître du continent. Il n'est guère douteux qu'en pareil cas on verrait sortir des ports d'Amérique une flotte d'*Alabamas* qui se rueraient sur les innombrables navires du commerce anglais comme sur une proie riche, facile et sûre. Ainsi, quant au droit maritime international, le progrès est beaucoup moindre en réalité qu'en apparence.

Sur les différens points que nous venons d'indiquer, M. Calvo a rendu au public le service de faire connaître l'opinion individuelle de chacun des auteurs notables qui s'en sont occupés. Son ouvrage rend ainsi facile l'étude du droit international, car c'est une bonne fortune pour le lecteur studieux que de savoir toutes les sources où il peut puiser pour chaque question. On s'est étonné cependant qu'il n'ait pas mentionné des documens historiques remarquables par la vigueur de leurs *considérans*, par exemple les deux décrets de Berlin (10 novembre 1806) et de Milan (17 décembre 1807), rendus par Napoléon au faîte de sa puissance, dans l'intérêt de la liberté des mers, contre l'Angleterre, qui par des ordonnances, appelées ordres en conseil (*orders in council*), avait inventé un système monstrueux de blocus, ouvertement violé les droits des neutres, et mis en activité à l'égard des matelots des bâtimens marchands un système de rigueurs inexcusables. Elle les enfermait dans les pontons comme des prisonniers de guerre. Il est vraisemblable que les préambules de ces décrets furent écrits de la main même de l'empereur; ils portent son cachet, et les argumens qui y sont résumés contre les prétentions de l'Angleterre seraient malaisés à réfuter. Il est à regretter que par ces décrets mêmes il eût associé à des raisonnemens sans réplique des mesures excessivement violentes où, sous le prétexte de représailles, les individus n'étaient pas épargnés. M. Calvo aurait pu citer aussi une sentence remarquable émanée de Napoléon, quand, captif à Sainte-Hélène, il était dépouillé de tout pouvoir, mais restait encore un grand esprit. « Nous devons nous rabattre sur la libre navigation des mers et l'entière liberté d'un échange universel (1). » C'est le principe dont il s'agit encore aujourd'hui d'assurer le triomphe.

Entre les autres questions, qui dans le cours de ce siècle ont fait

____

(1) *Mémorial de Sainte-Hélène*, 12 mai 1816.

l'objet de conventions internationales intéressantes, où l'empreinte du progrès est manifeste, figure celle de la navigation des grands fleuves, à l'égard desquels la tendance, fortement accusée et déjà sanctionnée par les traités, est d'adopter la règle de la liberté et de l'égalité pour tous les riverains et même pour les tiers. C'est ce qui a eu lieu nouvellement pour l'Escaut, le Rhin, le Danube, le Mississipi, le Saint-Laurent, le Rio de la Plata et le cours d'eau le plus grand du monde, le Maragnon ou fleuve des Amazones. De même, grâce à l'initiative des États-Unis, les droits exorbitans perçus par le Danemark sur l'usage des détroits qui ouvrent la Baltique ont été abolis moyennant indemnité.

L'extradition des criminels est encore une question à l'égard de laquelle on a, dans le cours des cinquante dernières années, adopté des solutions meilleures, quoique la politique l'ait beaucoup compliquée et hérissée de difficultés. Le sujet est fort délicat. Il reste à cet égard quelque chose à faire. On doit reconnaître cependant que l'Angleterre, celle de toutes les puissances qui résistait le plus, a sagement modifié depuis quelques années sa jurisprudence et sa législation. Elle s'est lassée de protéger visiblement les criminels et les assassins se parant du titre d'hommes politiques.

En somme donc, parmi les événemens et les incidens survenus dans les relations internationales depuis un demi-siècle environ, il en est beaucoup dont le monde civilisé a lieu de s'applaudir et qui attestent le progrès des lumières; mais il en est d'autres en revanche, considérables et de la plus grande portée, qui ont le caractère opposé, et en ce qui concerne la sécurité même des états la tendance rétrograde et violente a pris le dessus. La France en fait la cruelle expérience.

Des sentimens déplorables et de misérables passions, la vanité, la présomption, la passion d'être au-dessus de tout, même des lois de la justice et de l'humanité, ont repris dans les rapports internationaux une place qu'ils avaient perdue précédemment, et qu'ils n'auraient jamais dû recouvrer. La guerre acharnée qui avait dévasté le monde de 1792 à 1815 avait été signalée par une multitude d'actes barbares et même d'atteintes à ce qu'on nomme le droit de la guerre. Elle avait d'ailleurs épuisé tous les peuples et écrasé les finances de tous les états. Elle fut donc naturellement suivie d'une généreuse et salutaire réaction peu après que la paix eut été signée. Les libéraux proclamaient que les peuples sont frères. Les conservateurs, dont les représentans les plus élevés étaient les gouvernemens, dépeignaient de très bonne foi la guerre comme un fléau qu'il fallait absolument extirper, au moins du sein de l'Europe. Le mot d'un grand homme qui eut le tort de n'y pas conformer sa conduite, que toute guerre européenne est une guerre civile, était devenu une sorte d'axiome pour les cabinets. Les hommes d'état qui avaient rédigé les traités de paix de 1815, les Metternich et les Nesselrode, restés avec éclat dépositaires du portefeuille des affaires étrangères, regardaient comme de leur honneur et de leur devoir au premier chef de perpétuer cette paix si chèrement achetée, et dont au surplus ils avaient tiré, chacun pour sa patrie, un parti excellent. Les souverains eux-mêmes étaient de tout cœur dans ces heureuses dispositions. Par-dessus les autres, l'empereur de Russie, Alexandre Ier, y cherchait la gloire la plus précieuse à ses yeux. Les souverains de l'Autriche et de la Prusse imitaient volontiers l'exemple de leur allié. L'Angleterre s'occupait avant tout d'étendre son commerce; la France cicatrisait ses plaies. Les difficultés qui pouvaient surgir entre les différens états s'aplanissaient presque d'elles-mêmes sous l'invocation du saint nom de la paix. Le bon accord était le programme à la mode; mais ce règne d'Astrée ne pouvait durer. La raideur s'introduisit de nouveau dans les rapports de gouvernement à gouvernement, et peu à peu il est revenu de bon goût d'affecter vis-à-vis de l'étranger un faux point d'honneur et de la morgue. Confondant l'arrogance avec l'indépendance, les peuples ont eu le tort d'approuver ce changement d'allures et même de le provoquer. Les peuples libres, car en Europe ils le sont presque tous aujourd'hui, en sont arrivés par degrés à se proposer pour modèle les uns vis-à-vis des autres les seigneurs féodaux les plus altiers. Un ministre des relations extérieures circonspect, équitable, qui tient compte de la dignité des gouvernemens étrangers en même temps qu'il est soucieux de celle du gouvernement dont il est membre, est à peu près certain de ne pas être populaire. On l'accuse d'avilir la nation, parce que, connaissant les calamités que la guerre traîne après elle, il s'applique à en écarter les chances; on exclame qu'il veut la paix à tout prix. Le ministre qui, au contraire, prend volontiers envers l'étranger un ton voisin de l'impertinence acquiert une immense popularité. Il est un patriote, un grand citoyen. Les partis lui tressent des couronnes, et se font un devoir de le replacer sur le pavois quand il a eu la mésaventure d'être renvoyé du pouvoir.

Il s'en est offert des exemples éclatans à une époque qui chronologiquement n'est pas fort éloignée de nous, mais dont nous sommes séparés par des événemens si désastreux et de proportions si énormes que déjà elle est acquise au domaine de l'histoire, de sorte qu'on peut en dire sa pensée tout entière, sans risquer d'offenser personne. Qui ne se rappelle les affaires de la petite île de Taïti, la reine Pomaré et le missionnaire anglais Pritchard, qui, dans

un orgueil peu chrétien, s'érigeant de son autorité privée en re-
présentant de l'Angleterre, avait formé le dessein de faire des conquêtes pour elle? Il n'y a pas encore tout à fait trente ans. La plupart des principaux acteurs, notamment lord Aberdeen et sir Robert
Peel, sont depuis des années descendus dans la tombe, laissant une
mémoire infiniment honorée; mais un autre, qui fut au premier
rang, survit, et dans sa vieillesse toujours verte il garde sa place
sur la scène du monde : c'est M. Guizot. Certes on peut dire que
le différend qui avait éclaté, dans cette possession insignifiante,
entre le missionnaire anglais et les officiers de la marine française
était une tempête dans un verre d'eau. Néanmoins l'opinion publique
s'excita. Sous le souffle des orateurs et des journaux de l'opposition,
elle devint si ardente et si intraitable qu'il s'en fallut de peu que de
ce misérable incident ne sortît entre la France et l'Angleterre une
collision qui eût été une calamité européenne. La transaction fort
convenable qui fut convenue entre les deux cabinets leur attira des
torrens d'injures que leurs chefs eurent le bon esprit de dédaigner.
Il était demeuré dans l'opinion un fonds de sagesse et de bon sens,
et c'est ce qui, nonobstant un débordement de clameurs furieuses,
les maintint au pouvoir avec l'assentiment notoire des souverains,
qui se montrèrent dignes de tenir le sceptre.

Mais ce fut une leçon dont les ambitieux firent leur profit. A peu
de temps de là, lord Aberdeen et Robert Peel ayant quitté le minis-
tère, le personnage qui occupait dans le cabinet anglais le poste de
ministre des affaires étrangères, lord Palmerston, averti par l'é-
chauffourée de Taïti de ce qu'il fallait faire pour gagner la popularité, souleva l'incident de don Pacifico. Il fut brutal envers le
royaume de Grèce : il envoya une flotte, treize bâtimens, bloquer
le Pirée et capturer les navires hellènes, afin d'obliger la Grèce à
solder le gros mémoire présenté par cet intrigant, qui n'était pourtant pas sujet anglais. Cette ridicule levée de boucliers aboutit, aux
yeux des hommes sensés de toute l'Europe, à la confusion de lord
Palmerston, parce que la commission d'enquête qui avait été nom-
mée d'un commun accord alloua pour toute indemnité à don Pacifico la somme de 150 livres sterling, soit 3,750 francs, pour quelques papiers qu'on pouvait lui avoir dérobés, et par égard pour les
dépenses qu'il avait faites pendant l'enquête même; son mémoire
montait à plus de 550,000 fr. Cependant en Angleterre le vulgaire
estima que lord Palmerston s'était comporté en parfait patriote. Sans
doute la chambre des lords, mieux inspirée, vota au contraire une
résolution portant un blâmé sévère contre lui. Lord Derby y dénonça
la conduite du gouvernement comme ayant été inconvenante, in-
juste, brutale, ayant tendu à troubler l'harmonie qui doit exister

entre les puissances de l'Europe, car une rupture avec la France avait failli s'ensuivre; mais peu importait à lord Palmerston. Son but était d'acquérir la faveur populaire; il l'avait, et elle devait le soutenir au pouvoir presque sans interruption jusqu'à la fin de sa vie, qui n'arriva que quinze ans plus tard. L'aventure don Pacifico est de 1850.

Les procédés sommaires devinrent ainsi à la mode de puissance à puissance, de la part du fort contre le faible, alors qu'on pouvait sans péril être hautain et dur, pour la seule satisfaction de se faire humblement demander grâce. L'Angleterre eut le tort de s'y laisser entraîner plus d'un fois, particulièrement envers des états américains. Il y a eu entre autres l'incident Hopkins, qui est de 1853, et l'incident Canstatt, qui est de 1860, l'un et l'autre contre le Paraguay. En 1860, il y eut celui du capitaine White au Pérou, et en 1862 celui des officiers du navire de guerre la *Forte* contre l'empire du Brésil, à peu près à la même époque celui du navire de commerce anglais le *Prince of Wales*. M. Calvo, qui relate les circonstances de ces différens cas, est d'avis que la conduite du cabinet britannique y fut répréhensible, marquée par des exigences injustifiables. L'Angleterre alors semblait avoir érigé en système de prendre une attitude très impérieuse envers les gouvernemens qui étaient hors d'état de lui opposer quelque résistance. Dans l'affaire du *Prince of Wales*, le cabinet anglais fit bloquer Rio-Janeiro et capturer des navires du commerce brésilien. Le ministre du Brésil à Londres, le baron de Penedo, montra une grande fermeté, afin que le cabinet britannique se décidât à observer envers les états souverains qui pouvaient avoir des différends avec l'Angleterre les égards dus à leur indépendance, et il dut demander ses passeports. Ces exemples donnés par le cabinet à la tête duquel était lord Palmerston ont vraisemblablement exercé une funeste influence. Il est permis de supposer que les agissemens bruyans de l'Angleterre envers la Grèce en 1850, qui eurent un grand retentissement, contribuèrent à tenter l'empereur Nicolas, à lui persuader qu'il pouvait tout aussi bien se permettre à l'égard du sultan la démarche injurieuse de l'ambassadeur Menzikof, d'où sortit la guerre de Crimée.

Le péuple des États-Unis, animé déjà contre les Anglais d'une antipathie que la conduite de l'Angleterre avec l'Union elle-même ne motivait aucunement, a pu, s'érigeant en protecteur du Nouveau-Monde, concevoir ou affecter des ressentimens pour les violences pratiquées par le cabinet anglais contre les différens états de l'Amérique du Sud. Peut-être y a-t-il là en partie l'explication de la hauteur que montre constamment le gouvernement américain dans ses rapports avec l'Angleterre. On l'a vu dans l'affaire des frontières du Maine, terminée par le traité Ashburton; on l'a vu dans l'affaire de l'Orégon et du détroit de Jean-de-Fuca, où les États-Unis, sans forme de procès, mirent la main sur l'objet du litige. On le voit depuis plusieurs années dans l'affaire de l'*Alabama*, qui semble interminable, et où ils ont traité l'Angleterre comme s'il ne devait pas y avoir de terme à sa patience.

C'est une justice à rendre à l'Angleterre que depuis un certain nombre d'années son gouvernement a eu l'excellent esprit d'abjurer le système que nous venons de signaler; mais ce revirement a été accompagné de telles circonstances, que, contrairement à ce qu'on aurait pu supposer, il n'a été d'aucune utilité pour l'Europe au point de vue du respect des saines doctrines du droit international. La politique qu'elle a substituée aux allures agressives a eu beau en être l'opposé, le monde n'en a pas moins rétrogradé dans la pratique de ce droit, et cette politique nouvelle en a été jusqu'à un certain point la complice contre la volonté de ses promoteurs. Et voici comme. Naguère l'Angleterre s'ingérait trop dans les affaires du continent, désormais elle fait comme si ces affaires ne la regardaient pas; elle se comporte comme si elle n'était pas liée à ce continent par sa proximité extrême, qui est, quoi qu'elle veuille, un lien indissoluble. En se dégageant de l'Europe, elle a retiré du concert des peuples européens une puissance considérable dont l'absence ou l'abstention a eu de déplorables effets. Par la grandeur de ses intérêts extérieurs, par l'extension prodigieuse de son commerce, elle est naturellement une force du premier ordre au profit de la paix. Elle dehors, les élémens belliqueux ont pu prendre la prépondérance. L'équilibre a été rompu au profit des appétits de conquêtes, dès qu'il a plu à ceux-ci de se manifester sous les auspices d'un cabinet sans scrupule, après des préparatifs habilement combinés pendant une suite d'années. Si aujourd'hui en Europe il n'y a plus de sécurité pour aucune nation, on est fondé à l'imputer dans une certaine mesure à l'Angleterre. C'est qu'elle a été d'un extrême à l'autre, c'est que dans sa politique nouvelle elle a affecté de se désintéresser complétement du continent européen, comme si c'était une partie des terres polaires ou du désert de Gobi, laissant ainsi le champ libre aux entreprises les plus audacieuses. Si elle avait signifié son *veto* à la Prusse quand celle-ci, au mépris de toute justice, pour ne pas dire de toute pudeur, se précipita sur l'infortuné Danemark en 1864, elle eût épargné au monde le spectacle d'une grande iniquité; elle eût arrêté à leur début ces violences où la puissance française a succombé au grand détriment, qu'elle n'a pas voulu apercevoir, de la sienne propre.

Même après la faute de 1864, même après l'écrasement de l'Autriche à Sadowa en 1866, elle pouvait faire écouter sa voix et se faire accepter comme médiatrice, de concert avec d'autres qui s'y fussent prêtés quand nos armées régulières eurent été détruites, et de cette manière elle aurait sauvé l'équilibre européen d'une ruine qui prépare tout au moins son abaissement. Et ici il ne faut pas dire que dans l'automne de 1870 l'Angleterre n'avait pas des armemens qui pussent balancer ceux de la Prusse. L'Angleterre n'a pas besoin d'être armée pour qu'on prenne garde à ses recommandations. Elle possède intrinsèquement une masse de ressources telle et, par la solidité de sa puissance, une autorité si réelle que, toutes les fois qu'elle parle avec fermeté, toutes les fois qu'elle articule une volonté, on en tient un grand compte. Fermeté et volonté en notre faveur lui ont manqué après nos malheurs militaires en 1870, et par rapport à elle-même c'est une grande responsabilité qu'elle a ainsi encourue.

Vainement pendant que la Prusse s'acharnait sur nous alors que visiblement pour tout le monde nous étions vaincus, elle a cru se concilier le vainqueur par des ménagemens, par des caresses, par les félicitations qu'elle lui adressait sur ses victoires, par les éloges et la partialité de ses principaux journaux. Elle n'empêche pas le vainqueur de sentir qu'il a prise sur elle. Elle n'étouffe pas l'ardente convoitise que ces descendans des anciens Normands, devenus disciples de Hegel, éprouvent au fond du cœur pour les richesses que renferment Londres et l'empire britannique. Elle n'est aucunement certaine d'être à l'abri de quelque demande arrogante pour la restitution de Héligoland au domaine sacré de la Germanie. Et si jamais la lutte s'engageait, elle n'a aucune assurance au sujet des limites des exigences de son ennemi dans le cas où il serait victorieux. Celui des fils de l'Angleterre qui a écrit l'apologue intitulé *l'École de madame Europe* a certainement adressé à sa nation une morale méritée, et il n'est pas absolument impossible que celui à qui l'on doit le conte de *la Bataille de Dorking* lui ait fait une prophétie : seulement, dans ce dernier désastre, la rançon, au lieu d'être de 5 milliards de francs comme chez nous, pourrait bien monter à 1 milliard sterling.

Nous ne pouvons terminer sans dire un mot de l'histoire de la diplomatie et du droit international dans le nouveau continent pendant le XIXᵉ siècle; elle est curieuse à explorer, et le livre de M. Calvo nous y invite, parce que, Américain lui-même, l'auteur l'a traitée avec prédilection et en parfaite connaissance du sujet. On aperçoit ainsi les perspectives de cette partie du monde. Avant l'ouverture de ce siècle, l'Amérique ne comptait pas en politique, elle n'y était d'aucun poids; il est visible qu'elle pèsera beaucoup désormais dans la balance du monde. Ne la voyons-nous pas déjà courtisée par la Russie et par le nouvel empire d'Allemagne?

Il est fort intéressant de suivre les développemens qu'a pris la doctrine qui porte le nom du président Monroë, les phases qu'elle a traversées et les applications qu'elle a reçues. Elle parut pour la première fois dans le message annuel qu'il adressa au congrès le 2 décembre 1823. A l'époque où elle fut proclamée, ce fut une grande hardiesse. Elle allait bien au-delà du programme circonspect recommandé à ses concitoyens par l'illustre Washington dans la proclamation qu'il leur adressa en renonçant à la vie politique; mais en 1823, après les congrès de Troppau, de Laybach et de Vérone, et le succès de la campagne des Bourbons de France pour le rétablissement du pouvoir absolu de Ferdinand VII en Espagne, elle était commandée aux États-Unis par le soin de leur propre sûreté. Par cette déclaration, fière dans le fond, mesurée dans la forme, l'Union de l'Amérique du Nord, bien faible en comparaison de ce qu'elle est devenue depuis, osa envisager en face et comme d'égal à égal la réunion des potentats du continent européen. C'était noble et digne de la république romaine. La France a fait, sous le second empire, l'épreuve de la portée de cet acte. Après avoir envahi le Mexique et y avoir installé sous le titre d'empereur un prince de la maison d'Autriche, nous fûmes forcés de déguerpir et d'abandonner à toutes les chances d'un mauvais sort ce souverain que nous avions attiré sur un terrain périlleux par l'appât de la pourpre impériale. On peut adresser aux États-Unis ce reproche, qu'après avoir proclamé la doctrine de Monroë comme une mesure défensive au profit du nouveau continent, ils s'en soient servis quand ils se sont sentis plus forts, plutôt pour défier l'Europe que pour favoriser le progrès des états du Nouveau-Monde. Ils n'ont pas ménagé ces états, qu'ils auraient dû traiter en frères. Quand l'empereur du Brésil eut été bravé dans Rio-Janeiro même par un de leurs marins, on ne lui a accordé qu'une satisfaction bien insuffisante, et l'incendie, accompli sous le plus futile des prétextes, de la ville de Saint-Jean de Nicaragua ou Greytown, par un de leurs navires de guerre, est une tache dans leurs annales. Ils n'avaient pourtant qu'à gagner à se montrer les rigides et vigilans observateurs des devoirs fixés par les principes et les convenances dans leurs rapports internationaux avec les états du Nouveau-Monde.

Une grande idée, qui contenait un beau germe, avait en Amérique traversé les airs et captivé les imaginations : c'était celle du congrès de Panama. Elle apparut sous les auspices d'un grand homme, le *Libertador* Bolivar. C'était en 1822. Dans cette ville qui, à cause de son climat malsain, dut ensuite être remplacée par celle de Tacubaya, sorte de faubourg de Mexico, les différens états de l'Amérique du Sud, le Mexique compris, se seraient réunis par leurs représentans pour concerter leurs intérêts communs. Les États-Unis furent vivement sollicités de prendre part à la réunion, qu'on eût rendue périodique. Des citoyens éminens de la république-modèle, M. Adams, M. Webster, M. Clay, y étaient favorables. C'eût été la reproduction sur une grande échelle, avec des pouvoirs plus effectifs, du conseil des amphictyons de la Grèce. Par là, toute guerre entre deux états américains fût devenue quasi impossible. Les républiques hispano-américaines, qui presque toutes traînent, en dehors des voies du progrès, une existence agitée, pénible, quelques-unes misérable, s'appuyant l'une sur l'autre et soutenues par les États-Unis, auraient pris des allures en même temps plus hardies et plus sûres. C'eût été une institution internationale dont, avec de la bonne volonté, on eût fait le type du genre ; mais les États-Unis, dont la position dans le monde en eût cependant été fort agrandie, n'ont pas encouragé cette fondation. Ils ont manqué là une occasion magnifique. Il n'est peut-être pas impossible de reprendre cette grande pensée. Ce serait pour le peuple des États-Unis le moyen de démontrer que sa supériorité sur l'Europe, qui est pour lui un article de foi, n'est pas une prétention vaine. De même que Voltaire écrivait :

> C'est du nord aujourd'hui que nous vient la lumière,

les nations européennes auraient alors lieu de dire que le soleil se lève à l'occident, et que leurs enfans du Nouveau-Monde les surpassent fort en sagesse.

Un événement pareil n'est cependant pas dans la vraisemblance aujourd'hui. Les États-Unis semblent ne porter aucun intérêt aux autres peuples du Nouveau-Monde et n'éprouver pour eux aucune sympathie. De même que les Allemands dans l'ancien monde, ils se tiennent pour une race privilégiée, faite pour dominer ou asservir les autres. Ainsi l'adoption d'un droit international conforme à l'égalité et à la fraternité des peuples ne semble pas avoir plus de chances dans l'hémisphère occidental que dans le nôtre. Tel est le pronostic du moment.

MICHEL CHEVALIER.

PARIS. — J. CLAYE, IMPRIMEUR, 7, RUE SAINT-BENOIT. — [1012].